Impressum
Verlag: BABADADA GmbH, Nedderfeld 112 , 22529 Hamburg
Geschäftsführer / Verlagsleitung: Harald Hof
Druck: Books on Demand GmbH, In de Tarpen 42, 22848 Norderstedt

Imprint
Publisher: BABADADA GmbH, Nedderfeld 112 , 22529 Hamburg, Germany
Managing Director / Publishing direction: Harald Hof
Print: Books on Demand GmbH, In de Tarpen 42, 22848 Norderstedt, Germany

# Schule

## школа

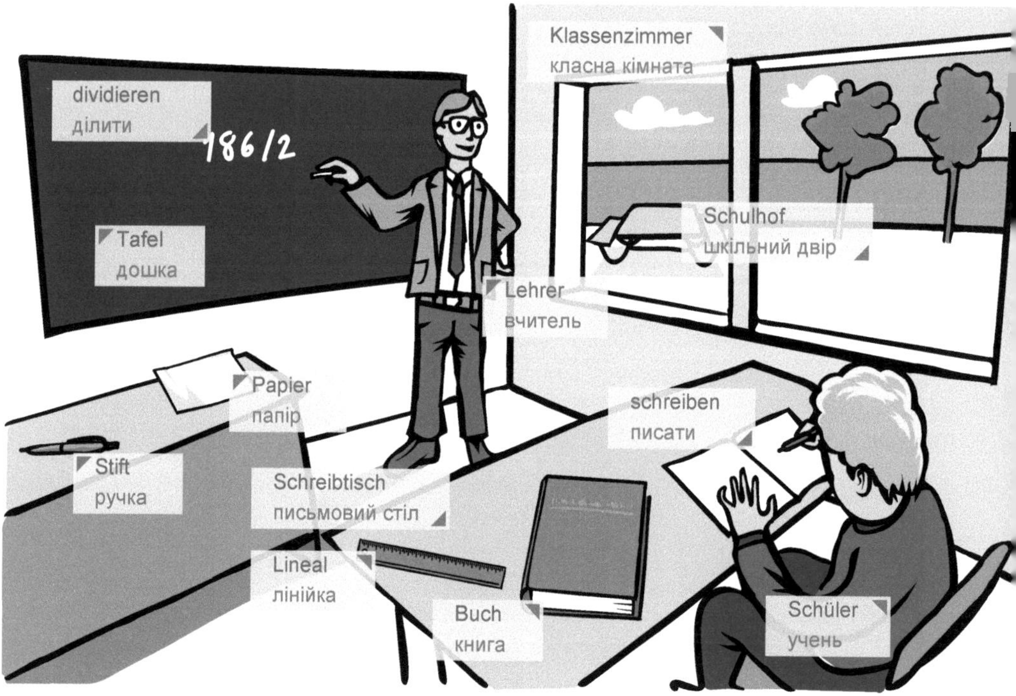

Klassenzimmer
класна кімната
dividieren
ділити
186/2
Tafel
дошка
Schulhof
шкільний двір
Lehrer
вчитель
Papier
папір
schreiben
писати
Stift
ручка
Schreibtisch
письмовий стіл
Lineal
лінійка
Buch
книга
Schüler
учень


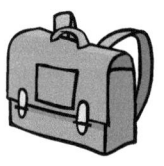

Schultasche
ранець

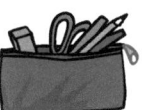

Federmappe
пенал

Bleistift
олівець

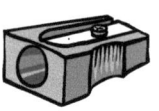

Bleistiftspitzer
точило

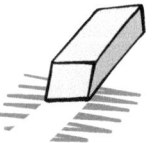

Radierer
гумка

Zeichenblock
альбом для малювання

Zeichnung

малюнок

Pinsel

пензель

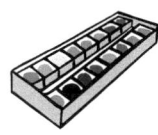

Malkasten

коробка фарб

Schere

ножиці

Klebstoff

клей

Übungsheft

зошит

Hausübung

домашнє завдання

12

Zahl

число

2+2

addieren

додавати

5-2

subtrahieren

віднімати

2×2

multiplizieren

множити

rechnen

рахувати

A

Buchstabe

літера

ABCDEFG
HIJKLMN
OPQRSTU
VWXYZ

Alphabet

абетка

Wort

слово

Text

текст

lesen

читати

Kreide

крейда

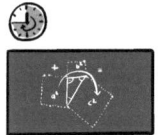

Unterrichtsstunde

година

Klassenbuch

класний журнал

Prüfung

екзамен

Zeugnis

диплом

Schuluniform

шкільна форма

Ausbildung

освіта

Lexikon

лексикон

Universität

університет

Mikroskop

мікроскоп

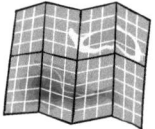

Karte

карта

Papierkorb

кошик для паперу

# Reise

## подорож

Hotel
готель
Grand
Herberge
турбаза
ROOMS
Wechselstube
обмінний пункт
Koffer
валіза
Auto
автомобіль

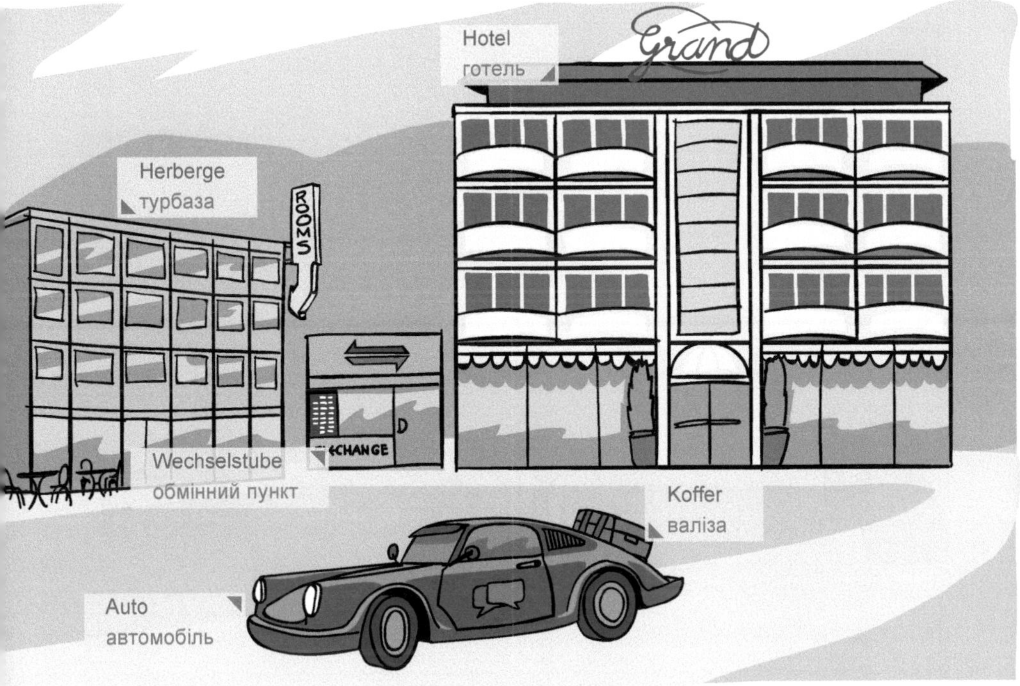

Sprache

мова

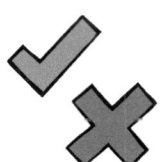

ja / nein

так / ні

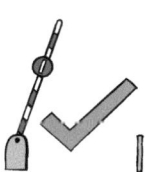

Okay

добре

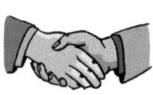

Hallo

привіт

Dolmetscherin

перекладач

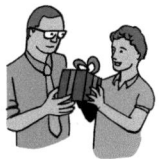

Danke

дякую

**Wie viel kostet …?**

Скільки коштує …?

**Ich verstehe nicht.**

Я не розумію

**Problem**

проблема

**Guten Abend!**

Добрий вечір!

**Guten Morgen!**

Доброго ранку!

**Gute Nacht!**

На добраніч!

**Auf Wiederschaun!**

До побачення

**Richtung**

напрямок

**Gepäck**

багаж

**Tasche**

сумка

**Rucksack**

рюкзак

**Gast**

гість

**Zimmer**

кімната

**Schlafsack**

спальний мішок

**Zelt**

намет

Reise - подорож

Touristeninformation

туристична інформація

Strand

пляж

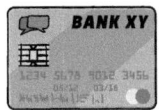

Kreditkarte

кредитна картка

Frühstück

сніданок

Mittagessen

обід

Abendessen

вечеря

Fahrkarte

квиток

Lift

ліфт

Briefmarke

поштова марка

Grenze

межа

Zoll

митниця

Botschaft

посольство

Visum

віза

Pass

паспорт

# Transport

# транспорт

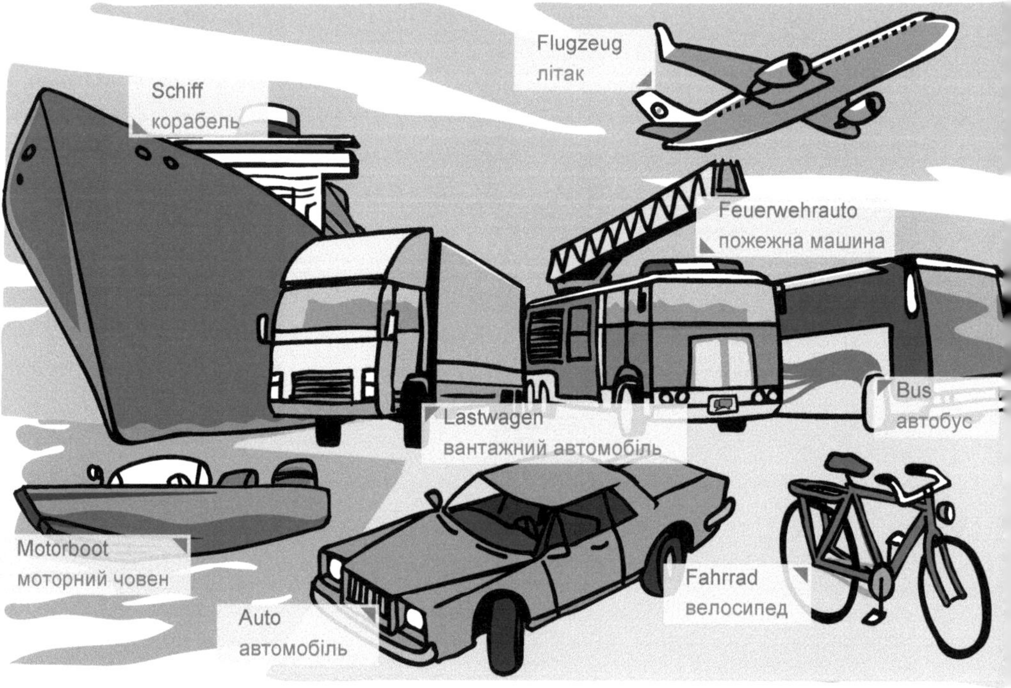

Flugzeug
літак
Schiff
корабель
Feuerwehrauto
пожежна машина
Bus
автобус
Lastwagen
вантажний автомобіль
Motorboot
моторний човен
Fahrrad
велосипед
Auto
автомобіль


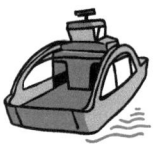

Fähre

пором

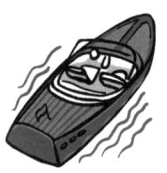

Boot

човен

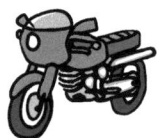

Motorrad

мотоцикл

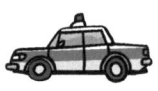

Polizeiauto

поліцейська машина

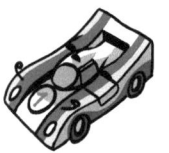

Rennauto

гоночний автомобіль

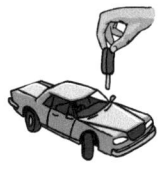

Mietwagen

автомобіль на прокат

**Carsharing**

льне користування авто

**Abschleppwagen**

евакуатор

**Müllwagen**

сміттєвоз

**Motor**

двигун

**Kraftstoff**

паливо

**Tankstelle**

автозаправна станція

**Verkehrsschild**

дорожній знак

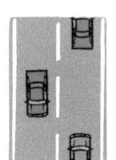

**Verkehr**

рух

**Stau**

затор

**Parkplatz**

стоянка

**Bahnhof**

вокзал

**Schienen**

рейки

**Zug**

потяг

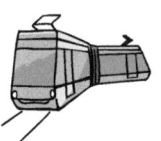

**Straßenbahn**

трамвай

**Wagon**

вагон

Hubschrauber

гелікоптер

Flughafen

аеропорт

Tower

вежа

Passagier

пасажир

Container

контейнер

Karton

коробка

Rollwagen

візок

Korb

кошик

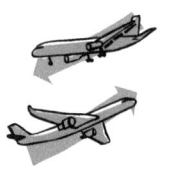

starten / landen

стартувати / приземлятися

## Stadt

## місто

Dorf

село

Stadtzentrum

центр міста

Haus

дім

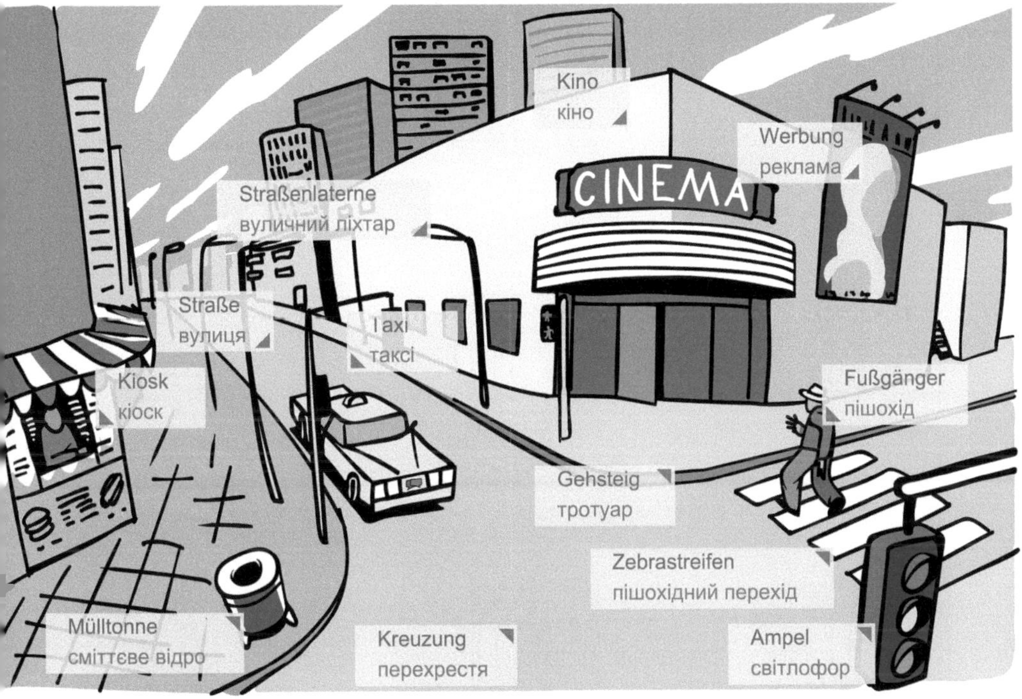

Kino
кіно

Werbung
реклама

Straßenlaterne
вуличний ліхтар

CINEMA

Taxi
таксі

Kiosk
кіоск

Straße
вулиця

Fußgänger
пішохід

Gehsteig
тротуар

Zebrastreifen
пішохідний перехід

Mülltonne
сміттєве відро

Kreuzung
перехрестя

Ampel
світлофор

Hütte

хатина

Wohnung

квартира

Bahnhof

вокзал

Rathaus

ратуша

Museum

музей

Schule

школа

| | | |
|---|---|---|
|  |  |  |
| Universität | Bank | Spital |
| університет | банк | лікарня |
|  |  |  |
| Hotel | Apotheke | Büro |
| готель | аптека | офіс |
|  |  |  |
| Buchhandlung | Geschäft | Blumenladen |
| книжковий магазин | магазин | квітковий магазин |
|  |  |  |
| Supermarkt | Markt | Kaufhaus |
| супермаркет | ринок | універмаг |
|  |  |  |
| Fischhändler | Einkaufszentrum | Hafen |
| торговець рибою | торговельний центр | гавань |

Stadt - місто

Park

парк

Bank

лава

Brücke

міст

Stiege

сходи

U-Bahn

метро

Tunnel

тунель

Bushaltestelle

автобусна зупинка

Bar

бар

Restaurant

ресторан

Briefkasten

поштова скринька

Straßenschild

вулична табличка

Parkuhr

лічильник паркування

Zoo

зоопарк

Badeanstalt

басейн

Moschee

мечеть

**Bauernhof**

ферма

**Umweltverschmutzung**

забруднення навколишнього середовища

**Friedhof**

кладовище

**Kirche**

церква

**Spielplatz**

дитячий майданчик

**Tempel**

храм

# Landschaft
## ландшафт

Blatt
листок

Wegweiser
вказівний стовп

Weg
шлях

Wiese
луг

Stein
камінь

Baum
дерево

Wanderer
мандрівник

Fluss
річка

Gras
трава

Blume
квітка

Tal

долина

Hügel

гора

See

озеро

Wald

ліс

Wüste

пустеля

Vulkan

вулкан

Schloss

замок

Regenbogen

веселка

Pilz

гриб

Palme

пальма

Moskito

комар

Fliege

муха

Ameise

мурашка

Biene

бджола

Spinne

павук

Landschaft - ландшафт

Käfer

жук

Frosch

жаба

Eichhörnchen

вивірка

Igel

їжак

Hase

заєць

Eule

сова

Vogel

птах

Schwan

лебідь

Wildschwein

кабан

Hirsch

олень

Elch

лось

Staudamm

гребля

Windrad

вітряк

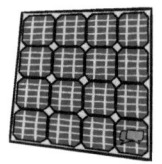

Solarmodul

сонячний модуль

Klima

клімат

# Restaurant
# ресторан

Kellner
офіціант
Speisekarte
меню
Sessel
стілець
Suppe
суп
Pizza
піца
Tischdecke
скатертина
Besteck
столові прилади

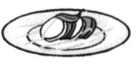

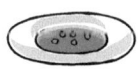

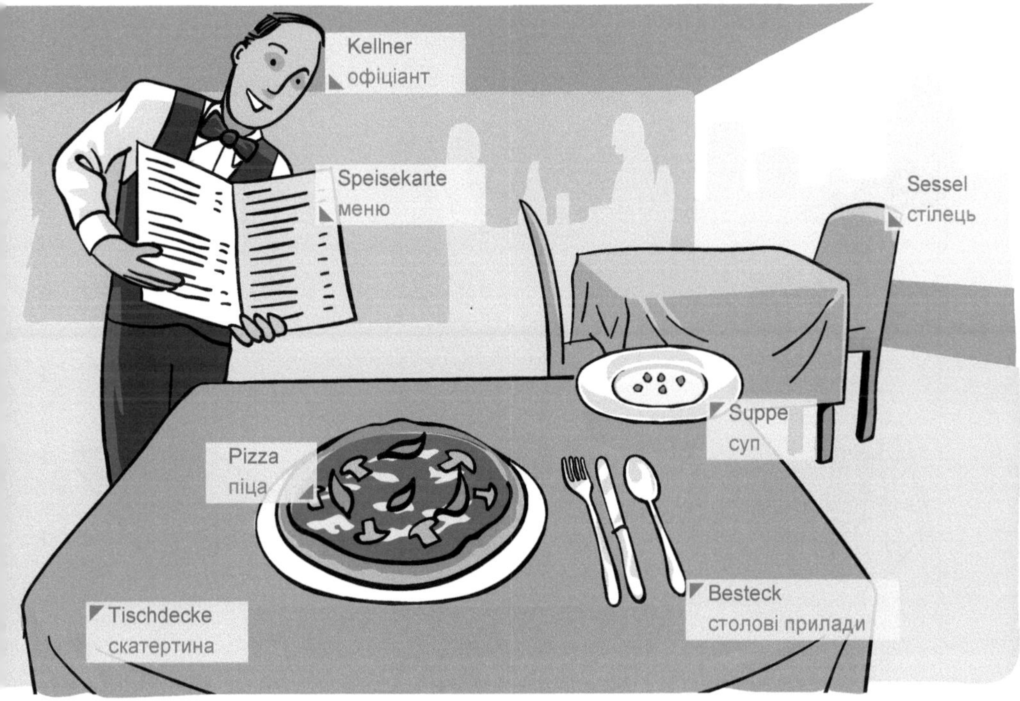

Vorspeise
закуска

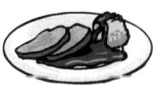

Hauptgericht
друга страва

Nachspeise
десерт

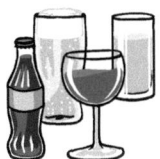

Getränke
напої

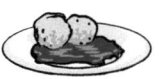

Essen
їжа

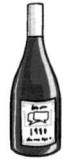

Flasche
пляшка

**Fastfood**

фаст-фуд

**Streetfood**

вулична їжа

**Teekanne**

чайник

**Zuckerdose**

цукорниця

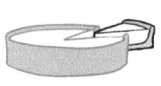

**Portion**

порція

**Espressomaschine**

еспресо-машина

**Kinderstuhl**

високий стільчик

**Rechnung**

рахунок

**Tablett**

піднос

**Messer**

ніж

**Gabel**

вилка

**Löffel**

ложка

**Teelöffel**

чайна ложка

**Serviette**

серветка

**Glas**

склянка

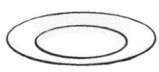

**Teller**
тарілка

**Suppenteller**
тарілка для супу

**Untertasse**
блюдце

**Sauce**
соус

**Salzstreuer**
солонка

**Pfeffermühle**
млин для перцю

**Essig**
оцет

**Öl**
масло

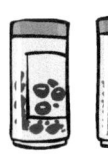

**Gewürze**
спеції

**Ketchup**
кетчуп

**Senf**
гірчиця

**Mayonnaise**
майонез

# Supermarkt

## супермаркет

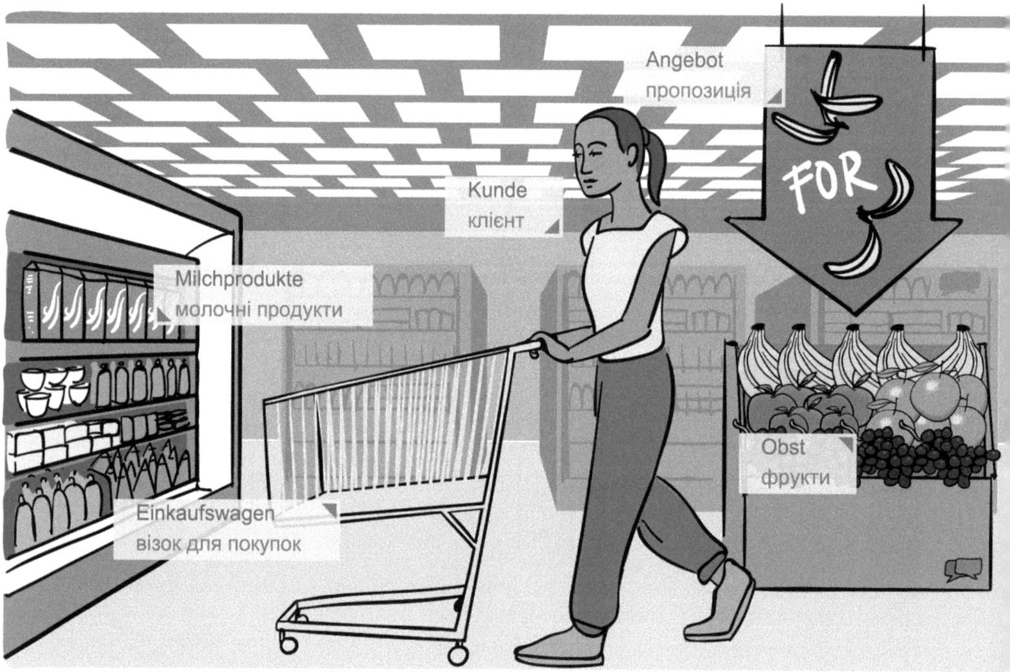

Angebot
пропозиція
FOR
Kunde
клієнт
Milchprodukte
молочні продукти
Obst
фрукти
Einkaufswagen
візок для покупок

BUTCHERS

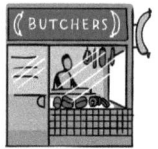

Schlachterei

м'ясний магазин

BAKERY

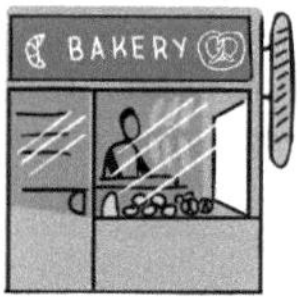

Bäckerei

пекарня

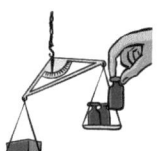

wiegen

зважувати

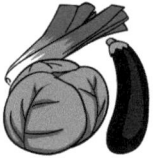

Gemüse

овочі

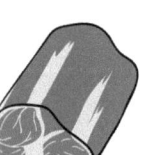

Fleisch

м'ясо

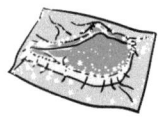

Tiefkühlkost

заморожені продукти

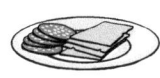

**Aufschnitt**

ковбасна нарізка

**Konserven**

консерви

**Waschmittel**

пральний порошок

**Süßigkeiten**

солодощи

**Haushaltsartikel**

предмети домашнього побуту

**Reinigungsmittel**

мийний засіб

**Verkäuferin**

продавщиця

**Kassa**

каса

**Kassiererin**

касир

**Einkaufsliste**

список покупок

**Öffnungszeiten**

часи роботи

**Brieftasche**

гаманець

**Kreditkarte**

кредитна картка

**Tasche**

сумка

**Plastiktüte**

поліетиленовий пакет

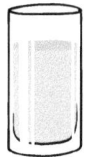

Wasser

вода

Saft

сік

Milch

молоко

Cola

кола

Wein

вино

Bier

пиво

Alkohol

алкоголь

Kakao

какао

Tee

чай

Kaffee

кава

Espresso

еспресо

Cappuccino

капучіно

Banane

банан

Apfel

яблуко

Orange

апельсин

Melone

кавун

Zitrone

лимон

Karotte

морква

Knoblauch

часник

Bambus

бамбук

Zwiebel

цибуля

Pilz

гриб

Nüsse

горішки

Nudeln

локшина

Spaghetti

спагеті

Reis

рис

Salat

салат

Pommes frites

картопля фрі

Bratkartoffeln

смажена картопля

Pizza

піца

Hamburger

гамбургер

Sandwich

бутерброд

Schnitzel

шніцель

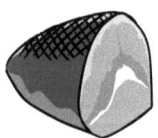

Schinken

шинка

Salami

салямі

Wurst

ковбаса

Huhn

курка

Braten

печеня

Fisch

риба

**Haferflocken**

вівсяні пластівці

**Müsli**

мюслі

**Cornflakes**

кукурудзяні пластівці

**Mehl**

борошно

**Croissant**

круасан

**Semmel**

булочка

**Brot**

хліб

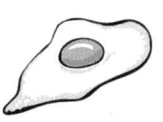

**Toast**

тостовий хліб

**Kekse**

печиво

**Butter**

масло

**Topfen**

сир

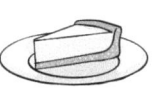

**Kuchen**

пиріг

**Ei**

яйце

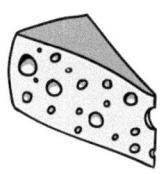

**Spiegelei**

яєчня

**Käse**

сир

Eiscreme

морозиво

Zucker

цукор

Honig

мед

Marmelade

мармелад

Schokoladenaufstrich

нуга-крем

Curry

карі

# Bauernhof

## ферма

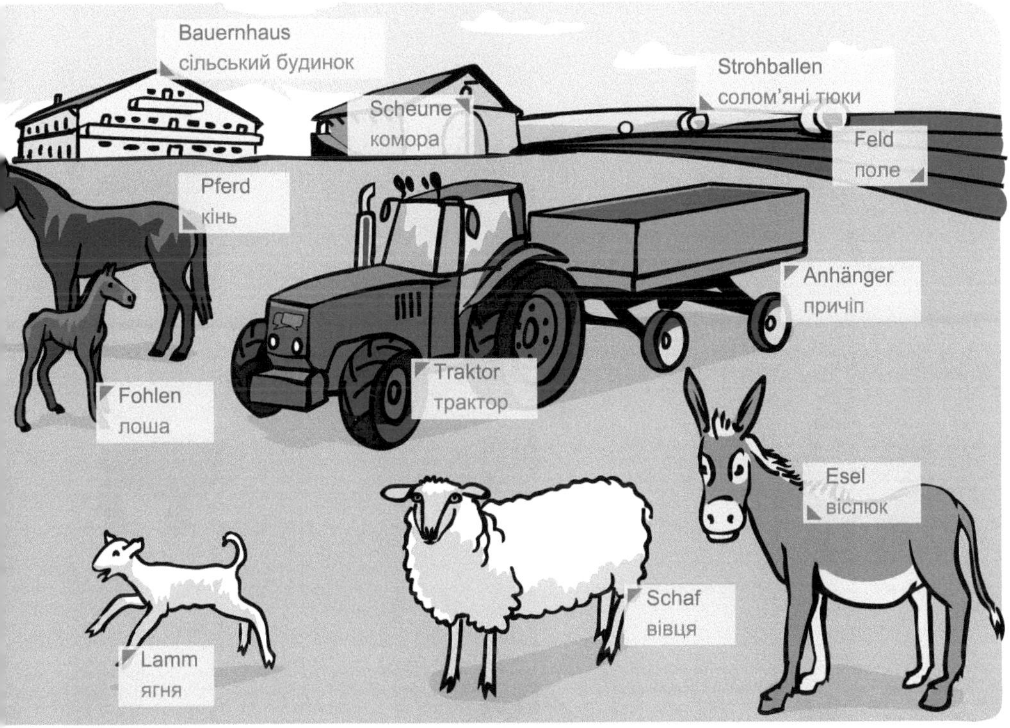

Bauernhaus
сільський будинок
Scheune
комора
Strohballen
солом'яні тюки
Feld
поле
Pferd
кінь
Anhänger
причіп
Traktor
трактор
Fohlen
лоша
Esel
віслюк
Schaf
вівця
Lamm
ягня


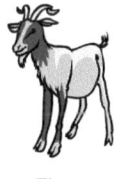

Ziege

коза

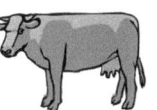

Kuh

корова

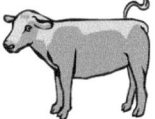

Kalb

теля

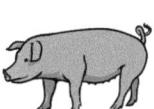

Schwein

свиня

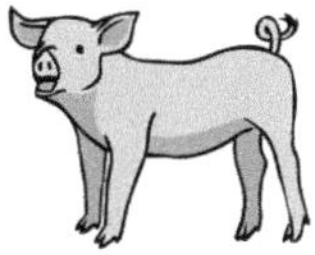
Ferkel

порося

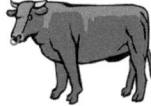

Stier

бик

Gans

гусак

Ente

качка

Küken

курча

Huhn

курка

Hahn

півень

Ratte

щур

Katze

кіт

Maus

миша

Ochse

віл

Hund

собака

Hundehütte

собача будка

Gartenschlauch

садовий шланг

Gießkanne

лійка

Sense

коса

Pflug

плуг

**Sichel**

серп

**Hacke**

мотика

**Mistgabel**

вила

**Axt**

сокира

**Schubkarre**

тачка

**Trog**

корито

**Milchkanne**

бідон молока

**Sack**

мішок

**Zaun**

паркан

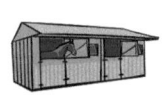

**Stall**

хлів

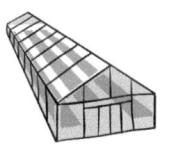

**Treibhaus**

теплиця

**Boden**

ґрунт

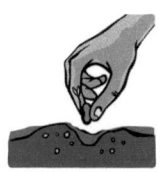

**Saat**

насіння

**Dünger**

добриво

**Mähdrescher**

комбайн

ernten

пожинати

Ernte

урожай

Yamswurzel

корінь ямсу

Weizen

пшениця

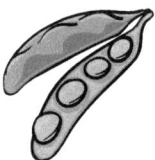

Soja

соя

Erdapfel

картопля

Mais

кукурудза

Raps

ріпак

Obstbaum

плодове дерево

Maniok

маніок

Getreide

злаки

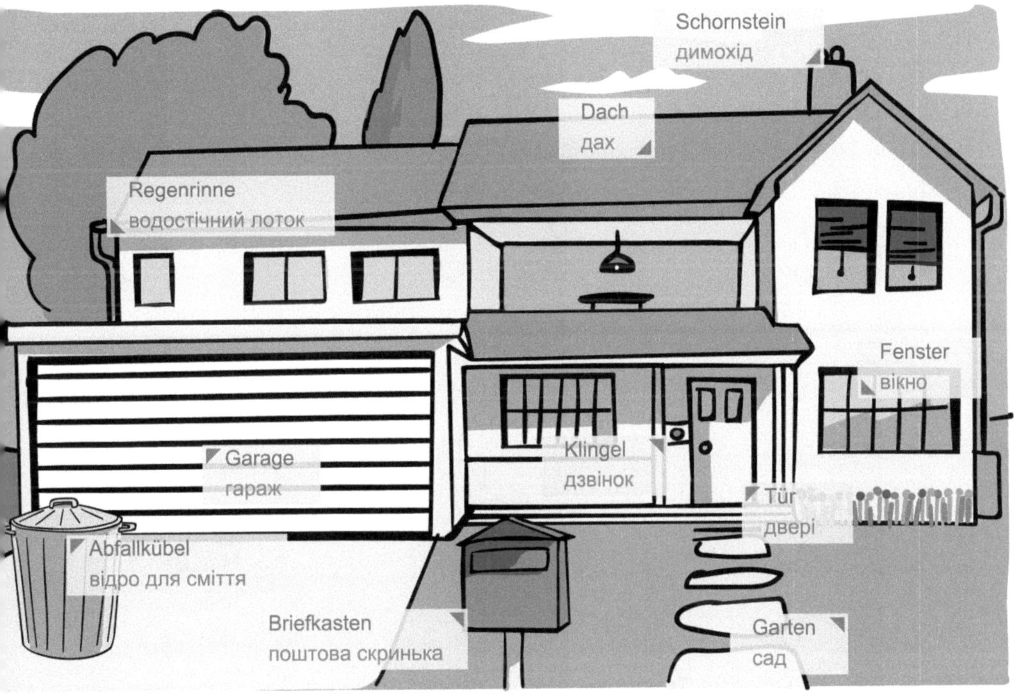

Schornstein
димохід

Dach
дах

Regenrinne
водостічний лоток

Fenster
вікно

Garage
гараж

Klingel
дзвінок

Tür
двері

Abfallkübel
відро для сміття

Briefkasten
поштова скринька

Garten
сад

**Wohnzimmer**

вітальня

**Badezimmer**

ванна кімната

**Küche**

кухня

**Schlafzimmer**

спальня

**Kinderzimmer**

дитяча кімната

**Esszimmer**

їдальня

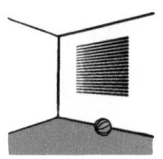

**Boden**

підлога

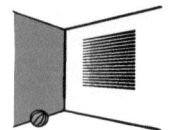

**Wand**

стіна

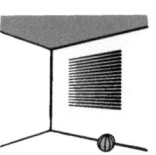

**Decke**

стеля

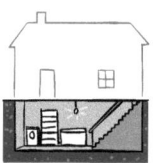

**Keller**

підвал

**Sauna**

сауна

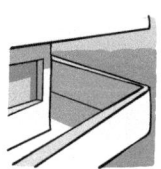

**Balkon**

балкон

**Terrasse**

тераса

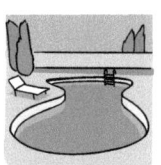

**Schwimmbad**

басейн

**Rasenmäher**

косарка

**Bettbezug**

простирало

**Bettdecke**

ковдра

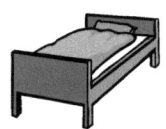

**Bett**

ліжко

**Besen**

мітла

**Kübel**

відро

**Schalter**

перемикач

# Wohnzimmer

## вітальня

Tapete
шпалери
Bild
малюнок
Lampe
лампа
Regal
поличка
Schrank
шафа
Fernseher
телевізор
Kamin
камін
Blume
квітка
Polster
подушка
Sofa
диван
Vase
ваза
Fernbedienung
пульт

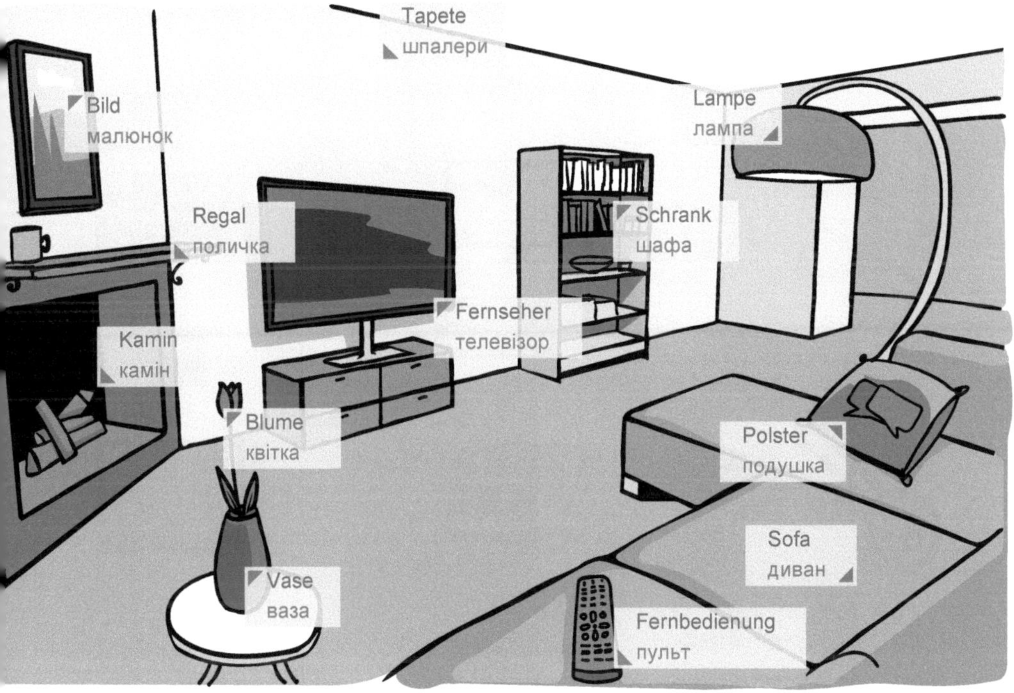

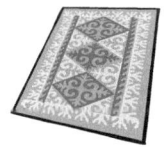

Teppich

килим

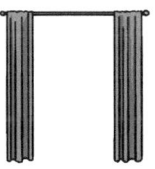

Vorhang

завіса

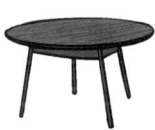

Tisch

стіл

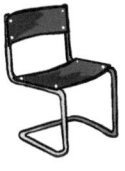

Sessel

стілець

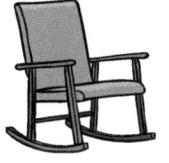

Schaukelstuhl

крісло-гойдалка

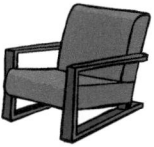

Sessel

крісло

**Buch**

книга

**Decke**

ковдра

**Dekoration**

прикраса

**Feuerholz**

дрова

**Film**

фільм

**Stereoanlage**

стереосистема

**Schlüssel**

ключ

**Zeitung**

газета

**Gemälde**

картина

**Poster**

плакат

**Radio**

радіо

**Notizblock**

блокнот

**Staubsauger**

пилосос

**Kaktus**

кактус

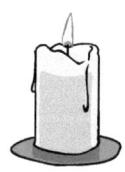

**Kerze**

свічка

# Küche

## кухня

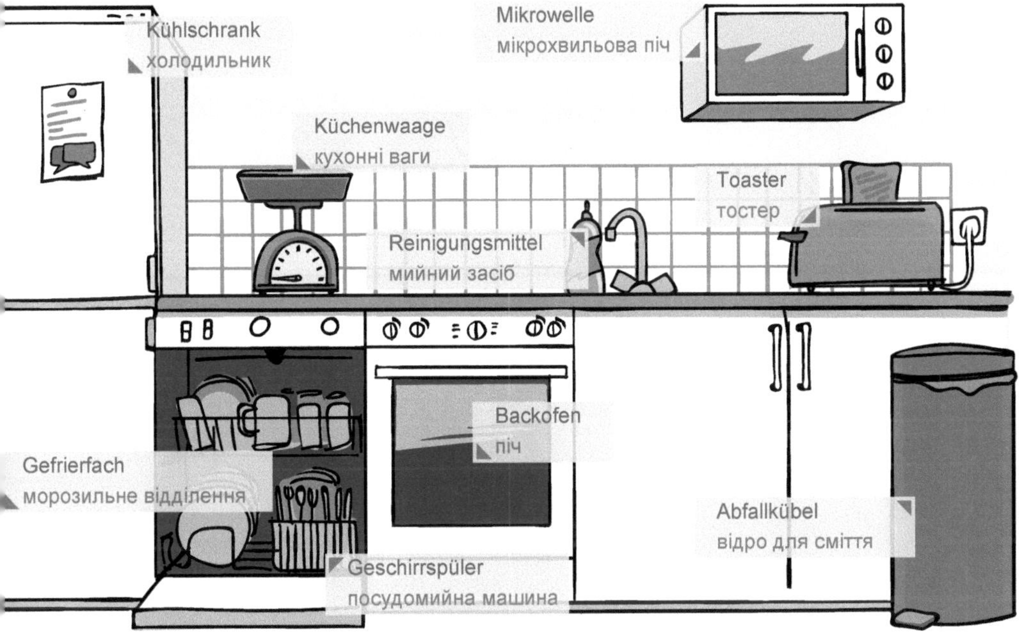

Kühlschrank
холодильник
Mikrowelle
мікрохвильова піч
Küchenwaage
кухонні ваги
Toaster
тостер
Reinigungsmittel
мийний засіб
Backofen
піч
Gefrierfach
морозильне відділення
Abfallkübel
відро для сміття
Geschirrspüler
посудомийна машина


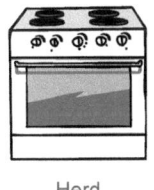

Herd

плита

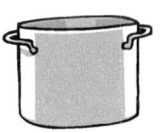

Topf

горщик

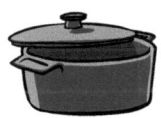

Eisentopf

чавунний горщик

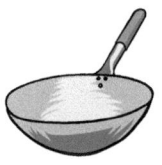

Wok / Kadai

вок / кадай

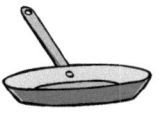

Pfanne

сковорода

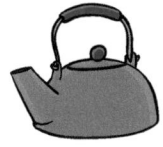

Wasserkocher

чайник

Dampfgarer

пароварка

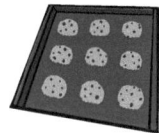

Backblech

лист

Geschirr

посуд

Becher

кухоль

Schale

чаша

Essstäbchen

палички для їжі

Schöpflöffel

черпак

Pfannenwender

лопатка

Schneebesen

вінчик для збивання

Kochsieb

сито

Sieb

сито

Reibe

терка

Mörser

ступка

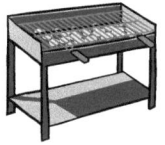

Grill

барбекю

Kaminfeuer

багаття

**Schneidebrett**

дошка

**Nudelholz**

качалка

**Korkenzieher**

штопор

**Dose**

консерва

**Dosenöffner**

відкривачка

**Topflappen**

прихватки

**Waschbecken**

раковина

**Bürste**

щітка

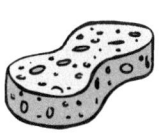

**Schwamm**

губка

**Mixer**

міксер

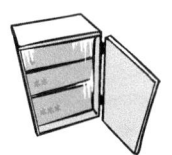

**Gefriertruhe**

морозильна камера

**Babyflasche**

дитяча пляшка

**Wasserhahn**

кран

# Badezimmer

# ванна кімната

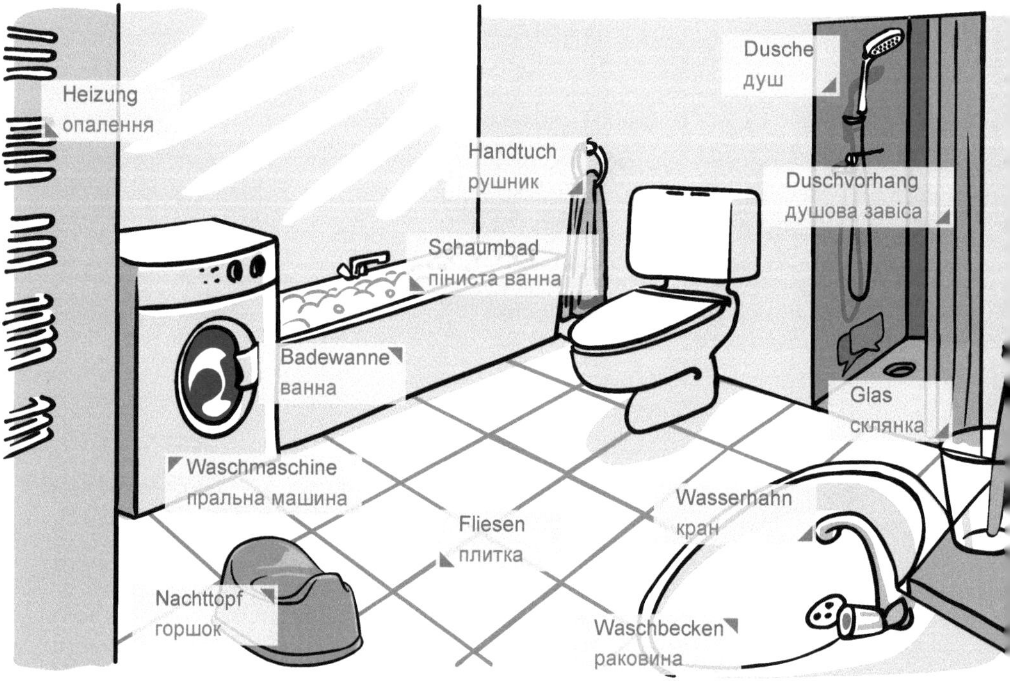

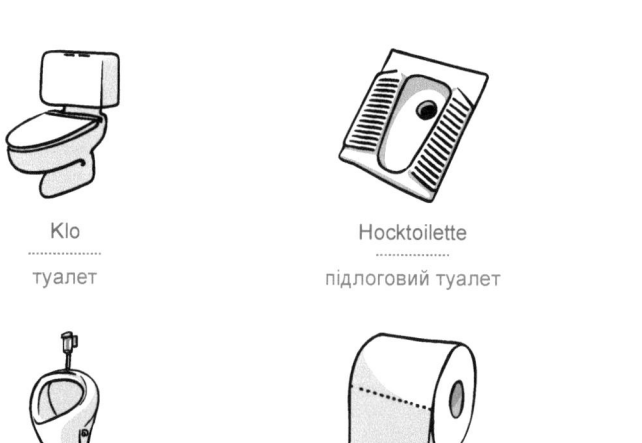

Heizung
опалення
Dusche
душ
Handtuch
рушник
Duschvorhang
душова завіса
Schaumbad
піниста ванна
Badewanne
ванна
Glas
склянка
Waschmaschine
пральна машина
Wasserhahn
кран
Fliesen
плитка
Nachttopf
горшок
Waschbecken
раковина

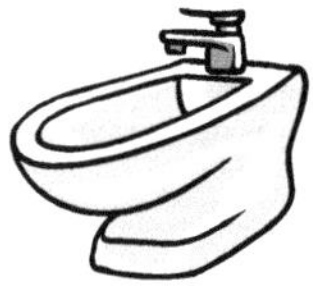

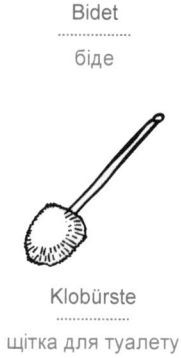

Klo

туалет

Hocktoilette

підлоговий туалет

Bidet

біде

Pissoir

пісуар

Klopapier

туалетний папір

Klobürste

щітка для туалету

**Zahnbürste**

зубна щітка

**Zahnpasta**

зубна паста

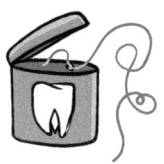

**Zahnseide**

нитка для чищення зубів

**waschen**

мити

**Handbrause**

ручний душ

**Intimdusche**

інтимний душ

**Waschschüssel**

таз

**Rückenbürste**

щітка для спини

**Seife**

мило

**Duschgel**

гель для душу

**Shampoo**

шампунь

**Waschlappen**

мочалка

**Abfluss**

водостік

**Creme**

крем

**Deodorant**

дезодорант

**Spiegel**

дзеркало

**Kosmetikspiegel**

косметичне дзеркало

**Rasierer**

бритва

**Rasierschaum**

піна для гоління

**Rasierwasser**

лосьйон після гоління

**Kamm**

гребінь

**Bürste**

щітка

**Föhn**

фен

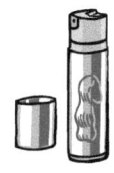

**Haarspray**

лак для волосся

**Makeup**

косметика

**Lippenstift**

губна помада

**Nagellack**

лак для нігтів

**Watte**

вата

**Nagelschere**

ножиці для нігтів

**Parfum**

парфум

**Kulturbeutel**
косметичка

**Hocker**
табурет

**Waage**
ваги

**Bademantel**
халат

**Gummihandschuhe**
гумові рукавички

**Tampon**
тампон

**Damenbinde**
гігієнічні прокладки

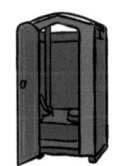

**Chemietoilette**
біотуалет

# Kinderzimmer
## дитяча кімната

Wecker
будильник
Kuscheltier
м'яка іграшка
Spielzeugauto
іграшковий автомобіль
Rassel
брязкальце
Puppenhaus
ляльковий будиночок
Geschenk
подарунок

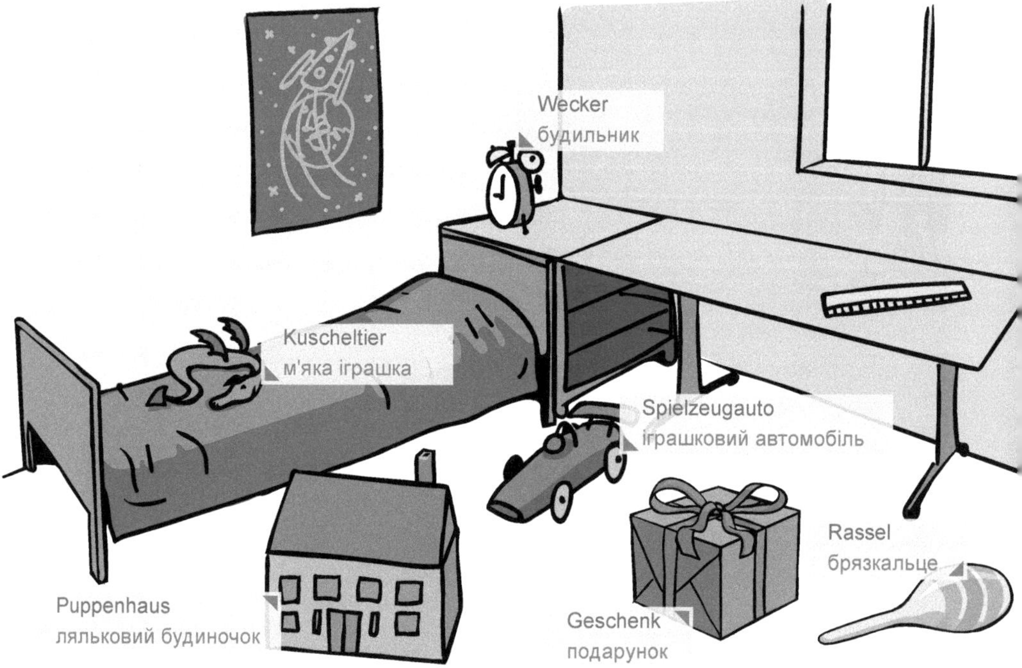

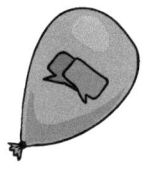

Ballon

повітряна кулька

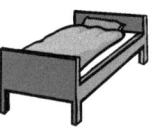

Bett

ліжко

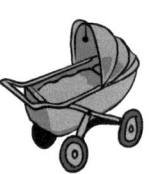

Kinderwagen

дитячий візок

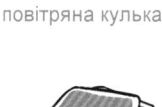

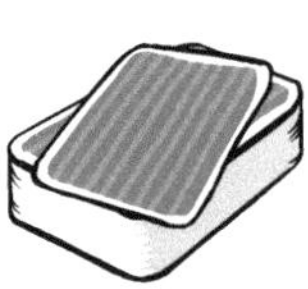

Kartenspiel

картярська гра

Puzzle

пазл

SUPER
MEGA

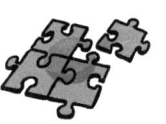

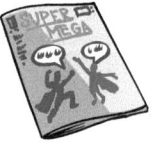

Comic

комікс

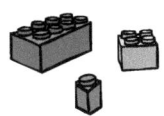

**Legosteine**

лего цеглинки

**Bausteine**

блоки

**Actionfigur**

іграшкова фігурка

**Strampelanzug**

повзунки

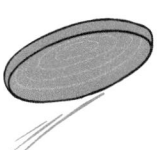

**Frisbee**

фризбі

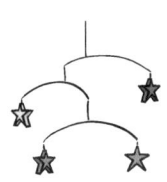

**Mobile**

мобіле

**Brettspiel**

настільна гра

**Würfel**

кубик

**Modelleisenbahn**

модель залізнична станція

**Schnuller**

соска

**Party**

вечірка

**Bilderbuch**

книжка з картинками

**Ball**

м'яч

**Puppe**

лялька

**spielen**

грати

Sandkasten

пісочниця

Schaukel

гойдалка

Spielzeug

іграшка

Spielkonsole

гральна консоль

Dreirad

триколісний велосипед

Teddy

плюшевий мішка

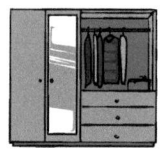

Kleiderschrank

шафа

# Kleidung

## одяг

Socken

шкарпетки

Strümpfe

панчохи

Strumpfhose

колготки

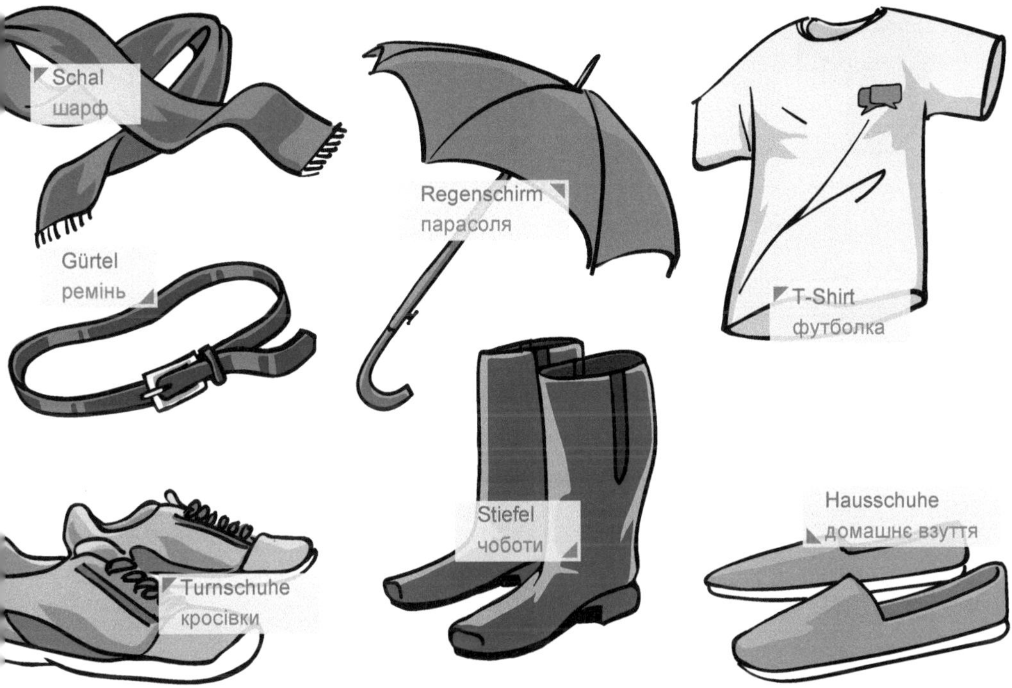

**Schal**
шарф

**Regenschirm**
парасоля

**Gürtel**
ремінь

**T-Shirt**
футболка

**Stiefel**
чоботи

**Hausschuhe**
домашнє взуття

**Turnschuhe**
кросівки

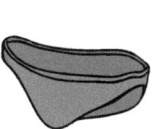

Sandalen
.................
сандалі

Schuhe
.................
взуття

Gummistiefel
.................
гумові чоботи

Unterhose
.................
труси

Büstenhalter
.................
бюстгальтер

Unterhemd
.................
нижня сорочка

**Body**

боді

**Hose**

штани

**Jeans**

джинси

**Rock**

спідниця

**Bluse**

блузка

**Hemd**

сорочка

**Pullover**

пуловер

**Kapuzenpullover**

светр

**Blazer**

піджак

**Jacke**

куртка

**Mantel**

пальто

**Regenmantel**

дощовик

**Kostüm**

костюм

**Kleid**

сукня

**Hochzeitskleid**

весільна сукня

**Anzug**

костюм

**Nachthemd**

нічна сорочка

**Pyjama**

піжама

**Sari**

сарі

**Kopftuch**

головна хустка

**Turban**

чалма

**Burka**

бурка

**Kaftan**

кафтан

**Abaya**

абая

**Badeanzug**

купальник

**Badehose**

плавки

**kurze Hose**

шорти

**Jogginganzug**

тренувальний костюм

**Schürze**

фартух

**Handschuhe**

рукавички

Knopf

гудзик

Brille

окуляри

Armband

браслет

Halskette

ланцюг

Ring

кільце

Ohrring

сережка

Mütze

шапка

Kleiderbügel

плічка

Hut

капелюх

Krawatte

краватка

Reißverschluss

застібка-блискавка

Helm

шолом

Hosenträger

підтяжки

Schuluniform

шкільна форма

Uniform

уніформа

Lätzchen

нагрудник

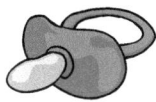

Schnuller

соска

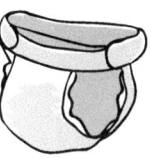

Windel

підгузок

# Büro

## офіс

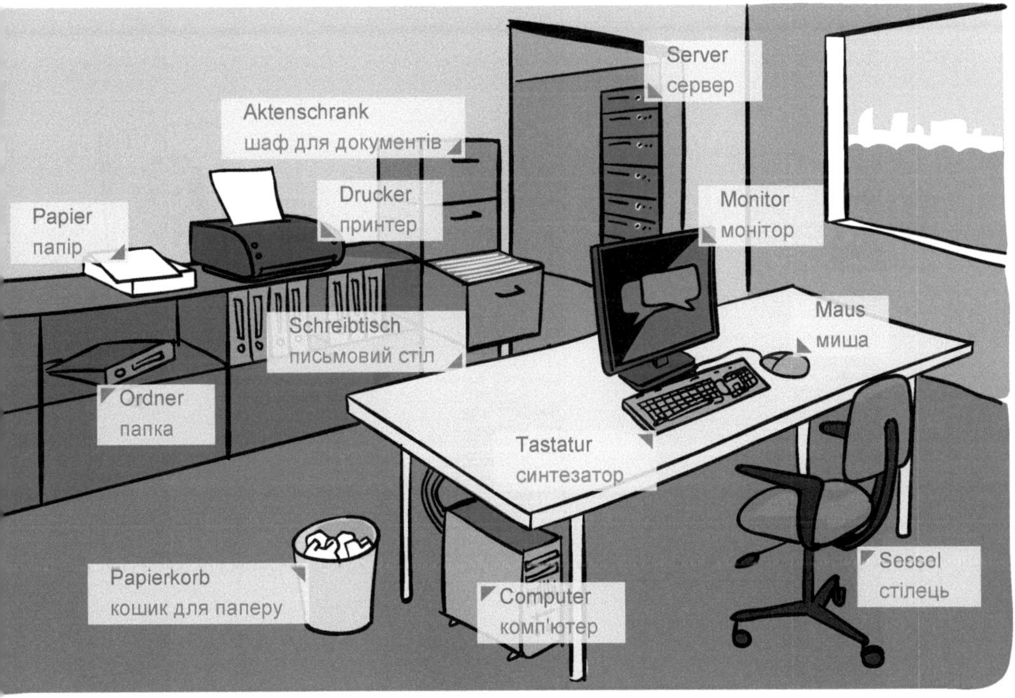

Server
сервер

Aktenschrank
шаф для документів

Drucker
принтер

Papier
папір

Monitor
монітор

Schreibtisch
письмовий стіл

Maus
миша

Ordner
папка

Tastatur
синтезатор

Papierkorb
кошик для паперу

Sessel
стілець

Computer
комп'ютер

Kaffeebecher

кавовий кухоль

Taschenrechner

калькулятор

Internet

інтернет

**Laptop**

ноутбук

**Brief**

лист

**Nachricht**

повідомлення

**Handy**

мобільний телефон

**Netzwerk**

мережа

**Kopierer**

копіювальний пристрій

**Software**

програмне забезпечення

**Telefon**

телефон

**Steckdose**

розетка

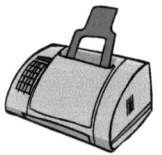

**Fax**

факс

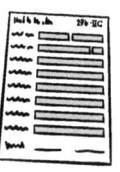

**Formular**

бланк

**Dokument**

документ

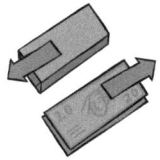

kaufen

купувати

bezahlen

платити

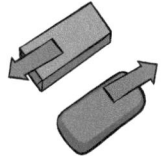

handeln

торгувати

Geld

гроші

 **USD**

Dollar

долар

 **EUR**

Euro

євро

**JPY**

Yen

ієна

**RUB**

Rubel

рубль

**CHF**

Franken

франк

**CNY**

Renminbi Yuan

юанів женьміньбі

**INR**

Rupie

рупія

Bankomat

банкомат

Wechselstube

обмінний пункт

Gold

золото

Silber

срібло

Öl

нафта

Energie

енергія

Preis

ціна

Vertrag

контракт

Steuer

податок

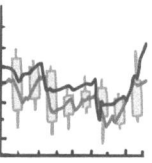

Aktie

акція

arbeiten

працювати

Angestellte

працівник

Arbeitgeber

роботодавець

Fabrik

фабрика

Geschäft

магазин

# Berufe
# професії

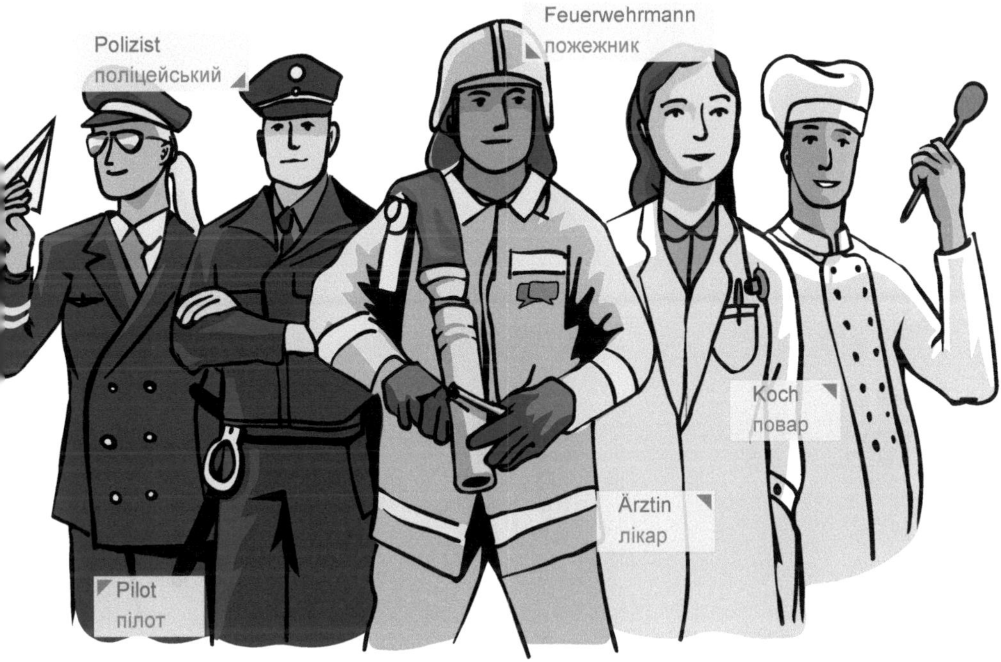
Feuerwehrmann
пожежник
Polizist
поліцейський
Koch
повар
Ärztin
лікар
Pilot
пілот

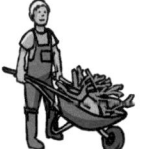

Gärtner

садівник

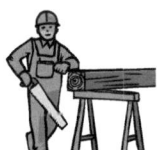

Tischler

столяр

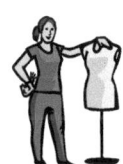

Schneiderin

швачка

Richter

суддя

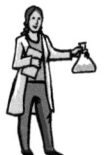

Chemikerin

хімік

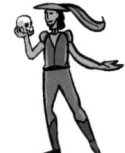

Schauspieler

актор

**Busfahrer**

водій автобуса

**Taxifahrer**

таксист

**Fischer**

рибалка

**Putzfrau**

прибиральниця

**Dachdecker**

покрівельник

**Kellner**

офіціант

**Jäger**

мисливець

**Maler**

художник

**Bäcker**

пекар

**Elektriker**

електрик

**Bauarbeiter**

будівельник

**Ingenieur**

інженер

**Schlachter**

забійник

**Installateur**

бляхар

**Briefträgerin**

листоноша

Soldat

солдат

Architekt

архітектор

Kassiererin

касир

Blumenhändlerin

флорист

Friseur

перукар

Schaffner

кондуктор

Mechaniker

механік

Kapitän

капітан

Zahnärztin

дантист

Wissenschaftler

вчений

Rabbi

рабин

Imam

імам

Mönch

монах

Pfarrer

пастор

# Werkzeuge
# інструменти

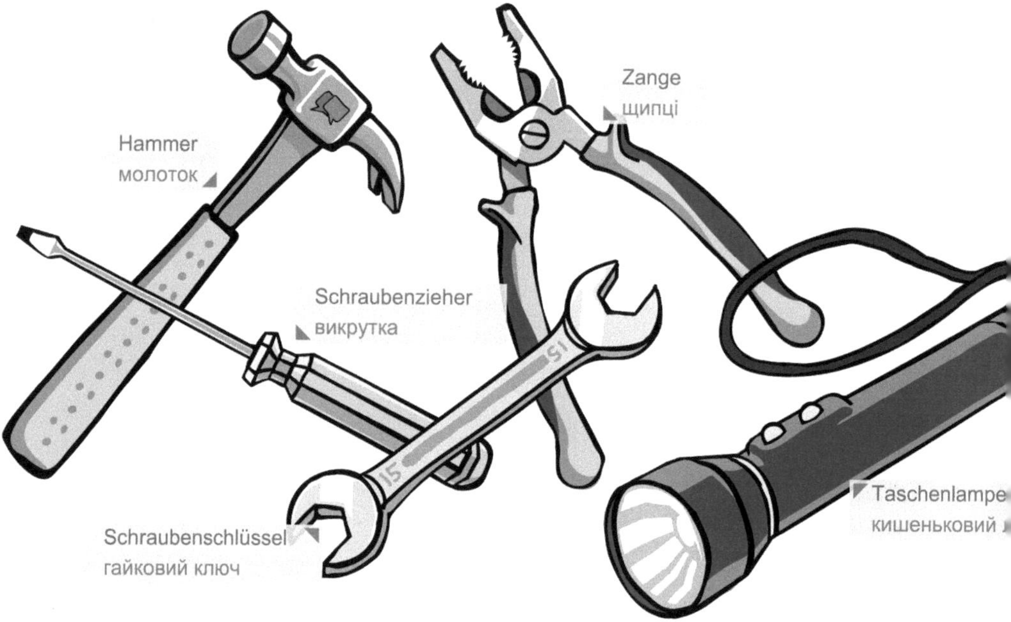

Zange
щипці
Hammer
молоток
Schraubenzieher
викрутка
Taschenlampe
кишеньковий
Schraubenschlüssel
гайковий ключ


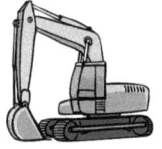

Bagger

екскаватор

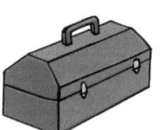

Werkzeugkasten

ящик для інструментів

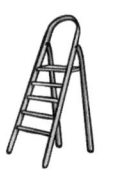

Leiter

драбина

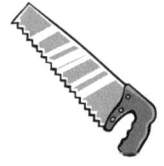

Säge

пилка

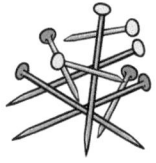

Nägel

цвяхи

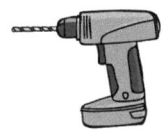

Bohrer

свердло

reparieren

ремонтувати

Schaufel

лопата

Scheiße!

лайно!

Kehrschaufel

совок

Farbtopf

відро з фарбою

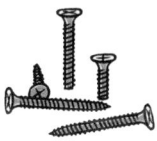

Schrauben

гвинти

# Musikinstrumente

## музичні інструменти

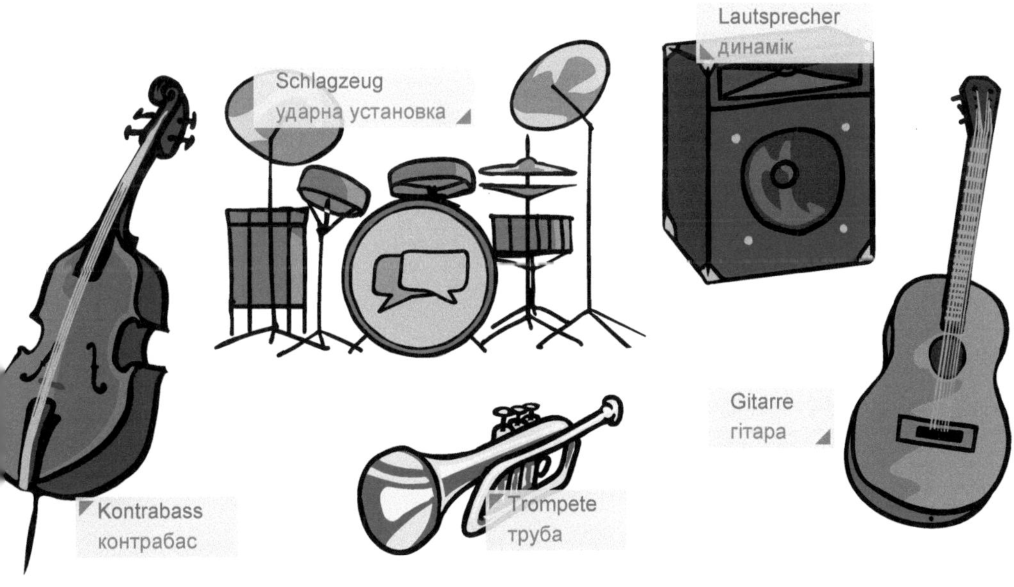

Schlagzeug
ударна установка

Lautsprecher
динамік

Gitarre
гітара

Kontrabass
контрабас

Trompete
труба

**Klavier**
фортепіано

**Violine**
скрипка

**Bass**
бас

**Pauke**
литаври

**Trommeln**
барабан

**Tastatur**
клавіатура

**Saxophon**
саксофон

**Flöte**
флейта

**Mikrofon**
мікрофон

# Zoo
## зоопарк

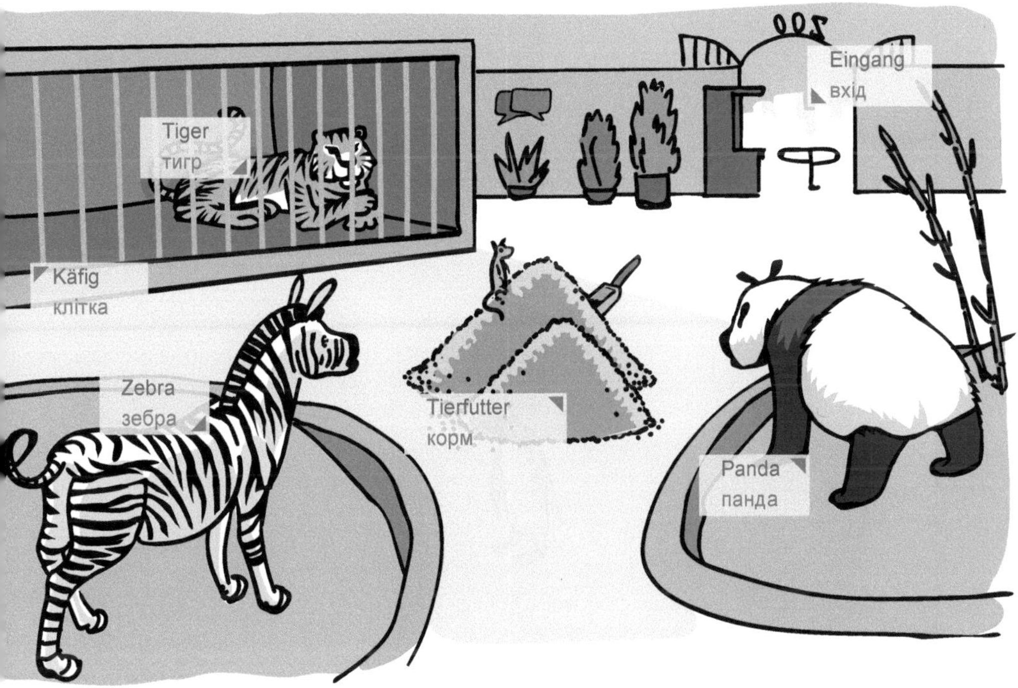
Eingang
вхід
Tiger
тигр
Käfig
клітка
Zebra
зебра
Tierfutter
корм
Panda
панда

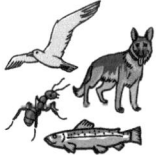

Tiere

тварини

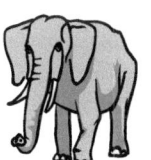

Elefant

слон

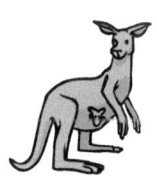

Känguru

кенгуру

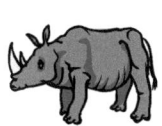

Nashorn

носоріг

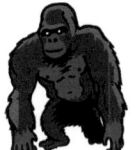

Gorilla

горила

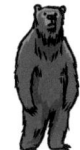

Bär

ведмідь

Kamel

верблюд

Strauß

страус

Löwe

лев

Affe

мавпа

Flamingo

фламінго

Papagei

папуга

Eisbär

білий ведмідь

Pinguin

пінгвін

Hai

акула

Pfau

павич

Schlange

змія

Krokodil

крокодил

Zoowärter

працівник зоопарку

Robbe

тюлень

Jaguar

ягуар

Zoo - зоопарк

Pony

поні

Leopard

леопард

Nilpferd

гіпопотам

Giraffe

жираф

Adler

орел

Wildschwein

кабан

Fisch

риба

Schildkröte

черепаха

Walross

морж

Fuchs

лисиця

Gazelle

газель

Zoo - зоопарк

American Football
американський футбол

Radfahren
їзда на велосипеді

Tennis
теніс

Basketball
баскетбол

Schwimmen
плавання

Eishockey
хокей

Boxen
бокс

Fußball
футбол

Badminton
бадмінтон

Leichtathletik
легка атлетика

Handball
гандбол

Skifahren
лижні перегони

Polo
поло

# Aktivitäten
## дії

lachen
сміятися
springen
стрибати
umarmen
обіймати
gehen
йти
singen
співати
träumen
мріяти
beten
молитися
küssen
цілувати


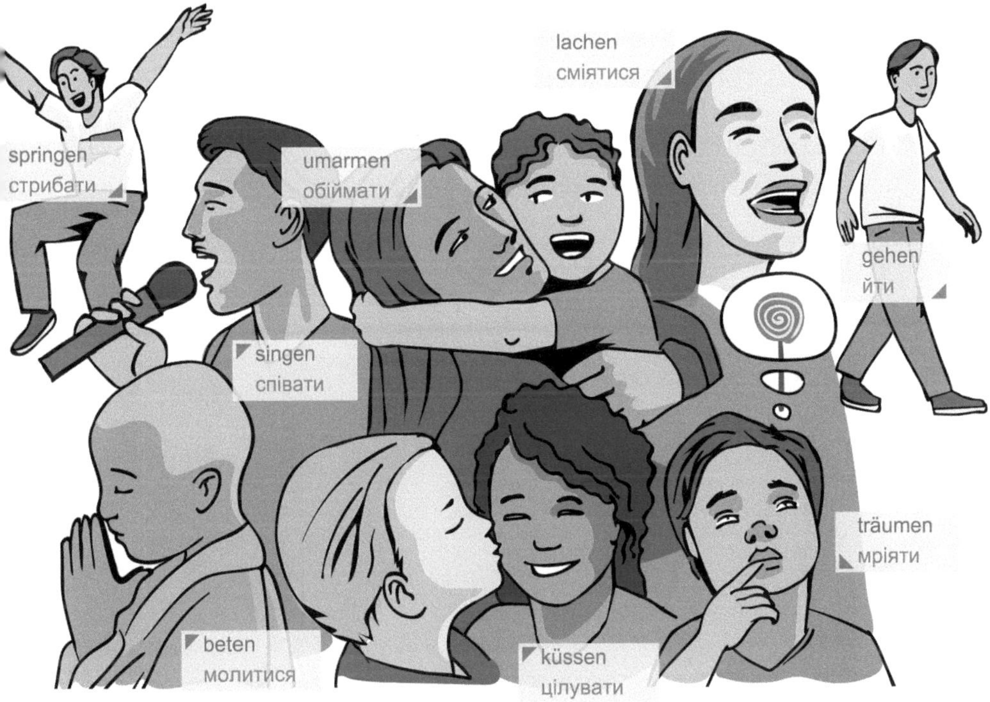

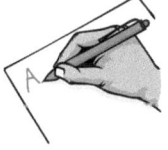

schreiben
писати

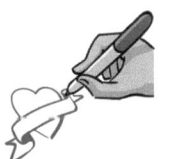

zeichnen
малювати

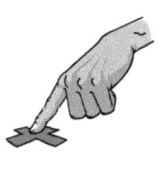

zeigen
показувати

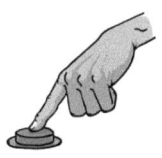

drücken
тиснути

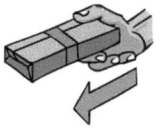

geben
давати

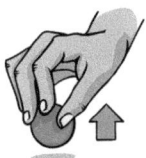

nehmen
брати

haben

мати

machen

робити

sein

бути

stehen

стояти

laufen

бігати

ziehen

тягнути

werfen

кидати

fallen

падати

liegen

лежати

warten

очікувати

tragen

носити

sitzen

сидіти

anziehen

одягати

schlafen

спати

aufwachen

просипатися

**ansehen**

дивитися

**weinen**

плакати

**streicheln**

гладити

**frisieren**

розчісувати

**reden**

розмовляти

**verstehen**

розуміти

**fragen**

питати

**hören**

слухати

**trinken**

пити

**essen**

їсти

**zusammenräumen**

прибирати

**lieben**

любити

**kochen**

варити

**fahren**

їхати

**fliegen**

літати

segeln

йти під вітрилом

rechnen

рахувати

lesen

читати

lernen

вчитися

arbeiten

працювати

heiraten

одружуватися

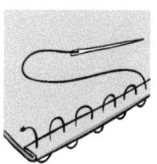

nähen

шити

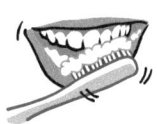

Zähne putzen

чистити зуби

töten

убивати

rauchen

курити

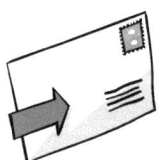

senden

посилати

Großmutter
бабуся

Großvater
дідуся

Vater
батько

Mutter
мати

Baby
немовля

Tochter
донька

Sohn
син

Gast

гість

Tante

тітка

Onkel

дядько

Bruder

брат

Schwester

сестра

# Körper

## тіло

Stirn
чоло
Auge
око
Schulter
плече
Finger
палець
Gesicht
обличчя
Kinn
підборіддя
Hand
кисть
Brust
груди
Bein
нога
Arm
рука


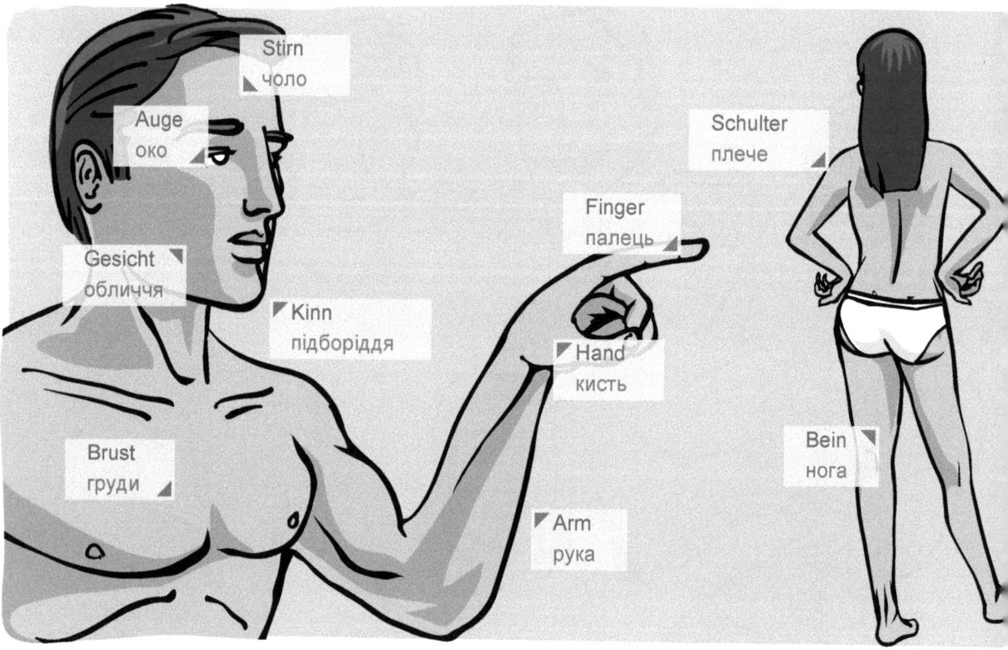

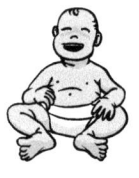

Baby

немовля

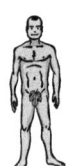

Mann

чоловік

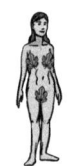

Frau

жінка

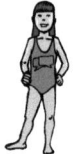

Mädchen

дівчина

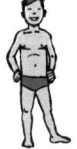

Junge

хлопчик

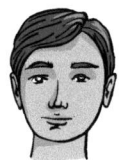

Kopf

голова

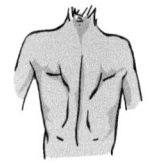

**Rücken**

спина

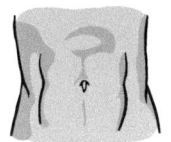

**Bauch**

живіт

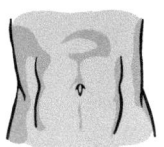

**Nabel**

пуп

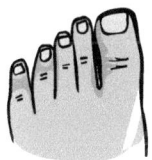

**Zeh**

палець ноги

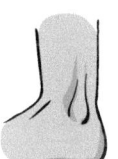

**Ferse**

п'ята

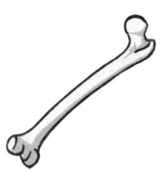

**Knochen**

кістка

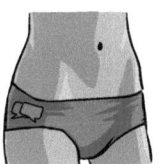

**Hüfte**

стегно

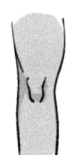

**Knie**

коліно

**Ellbogen**

лікоть

**Nase**

ніс

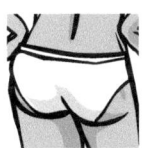

**Gesäß**

сідниці

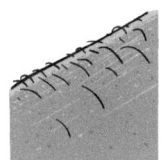

**Haut**

шкіра

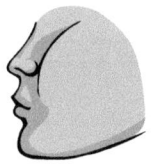

**Wange**

щока

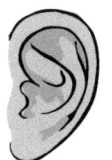

**Ohr**

вухо

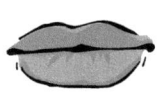

**Lippe**

губа

**Mund**

рот

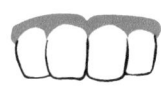

**Zahn**

зуб

**Zunge**

язик

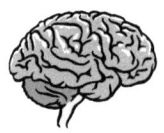

**Gehirn**

мозок

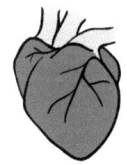

**Herz**

серце

**Muskel**

м'яз

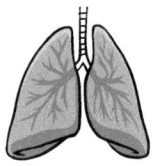

**Lunge**

легені

**Leber**

печінка

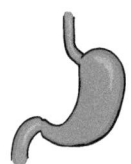

**Magen**

шлунок

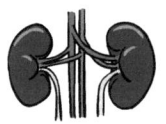

**Nieren**

нирки

**Geschlechtsverkehr**

статевий акт

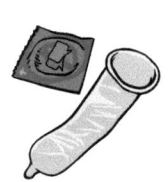

**Kondom**

презерватив

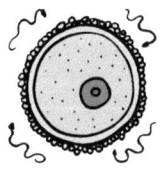

**Eizelle**

яйцеклітина

**Sperma**

сперма

**Schwangerschaft**

вагітність

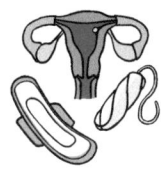

Menstruation

менструація

Vagina

вагіна

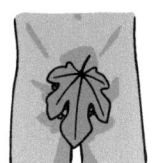

Penis

пеніс

Augenbraue

брова

Haar

волосся

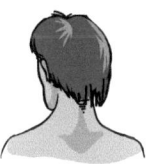

Hals

шия

# Spital
## лікарня

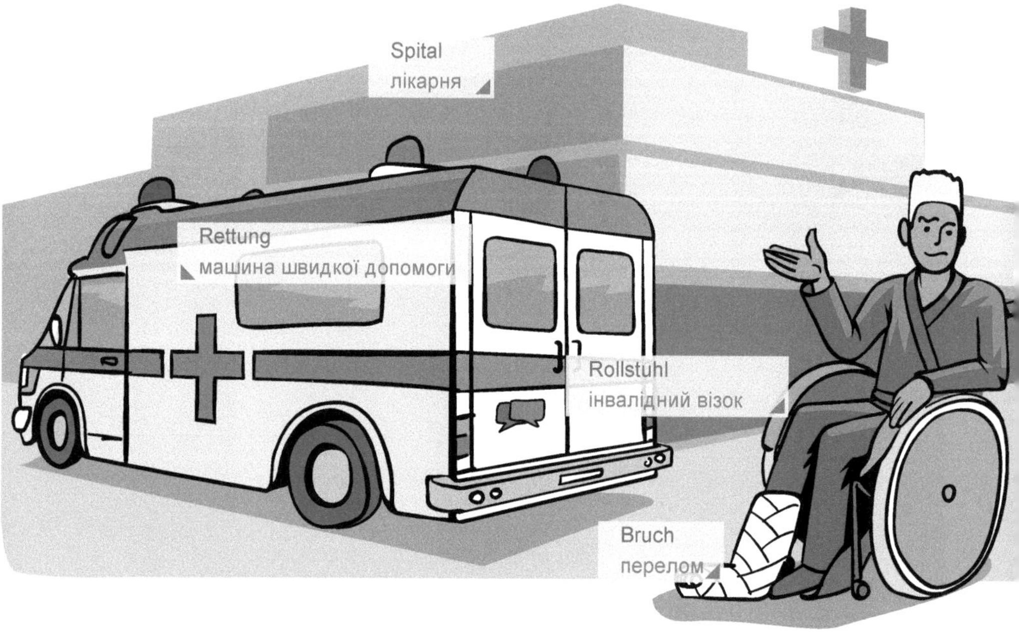

Spital
лікарня
Rettung
машина швидкої допомоги
Rollstuhl
інвалідний візок
Bruch
перелом


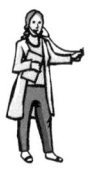

Ärztin

лікар

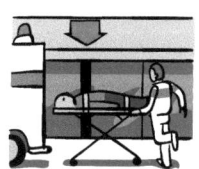

Notaufnahme

відділення швидкої медичної допомоги

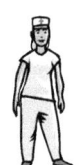

Krankenschwester

медсестра

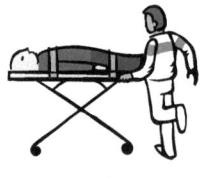

Notfall

аварійний випадок

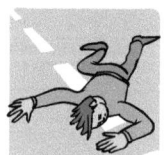

ohnmächtig

непритомний

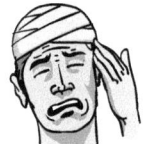

Schmerz

біль

**Verletzung**
травма

**Blutung**
кровотеча

**Herzinfarkt**
інфаркт

**Schlaganfall**
інсульт

**Allergie**
алергія

**Husten**
кашель

**Fieber**
лихоманка

**Grippe**
грип

**Durchfall**
пронос

**Kopfschmerzen**
головна біль

**Krebs**
рак

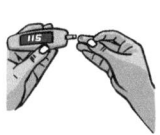

**Diabetes**
діабет

**Chirurg**
хірург

**Skalpell**
скальпель

**Operation**
операція

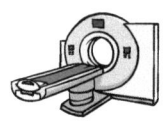

CT

КТ

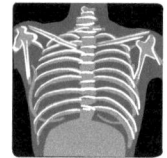

Röntgen

рентген

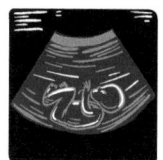

Ultraschall

ультразвук

Maske

маска

Krankheit

хвороба

Wartezimmer

зал очікування

Krücke

милиця

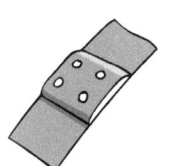

Pflaster

пластир

Verband

пов'язка

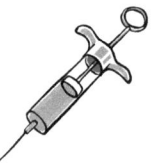

Injektion

ін'єкція

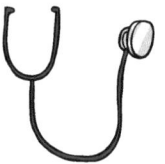

Stethoskop

стетоскоп

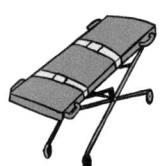

Trage

ноші

Thermometer

термометр

Geburt

народження

Übergewicht

надмірна вага

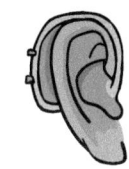

**Hörgerät**

слуховий апарат

**Desinfektionsmittel**

дезінфікуючий засіб

**Infektion**

інфекція

**Virus**

вірус

**HIV / AIDS**

ВІЛ / СНІД

**Medizin**

медицина

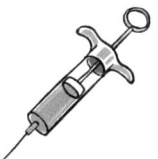

**Impfung**

вакцинація

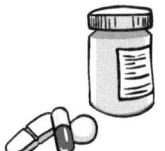

**Tabletten**

таблетки

**Pille**

протизаплідна пігулка

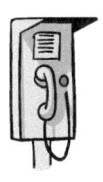

**Notruf**

екстрений виклик

**Blutdruckmesser**

тонометр

**krank / gesund**

хворий / здоровий

Spital - лікарня

Alarm

сигнал тривоги

Überfall

напад

Hilfe!

Допоможіть!

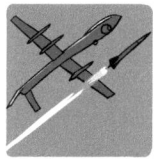

Angriff

атака

Gefahr

небезпека

Notausgang

аварійний вихід

Feuer!

Вогонь!

Feuerlöscher

вогнегасник

Unfall

аварія

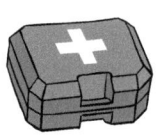

Erste-Hilfe-Koffer

аптечка

SOS

СОС

Polizei

поліція

Europa

Європа

Nordamerika

Північна Америка

Südamerika

Південна Америка

Afrika

Африка

Asien

Азія

Australien

Австралія

Atlantik

Атлантика

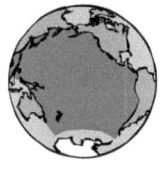

Pazifik

Тихий океан

Indische Ozean

Індійський океан

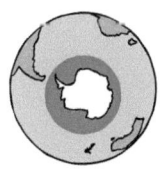

Antarktische Ozean

Антарктичний океан

Arktische Ozean

Північний Льодовитий океан

Nordpol

Північний полюс

Südpol
...........
Південний полюс

Antarktis
...........
Антарктика

Erde
...........
Земля

Land
...........
суша

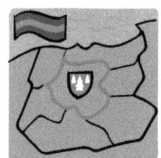

Meer
...........
море

Insel
...........
острів

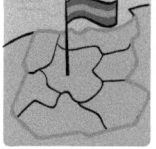

Nation
...........
нація

Staat
...........
держава

Ziffernblatt

циферблат

Stundenzeiger

годинникова стрілка

Minutenzeiger

хвилинна стрілка

Sekundenzeiger

секундна стрілка

Wie spät ist es?

Котра година?

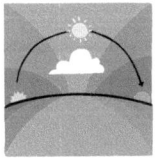

Tag

день

Zeit

час

jetzt

зараз

Digitaluhr

цифровий годинник

Minute

хвилина

Stunde

година

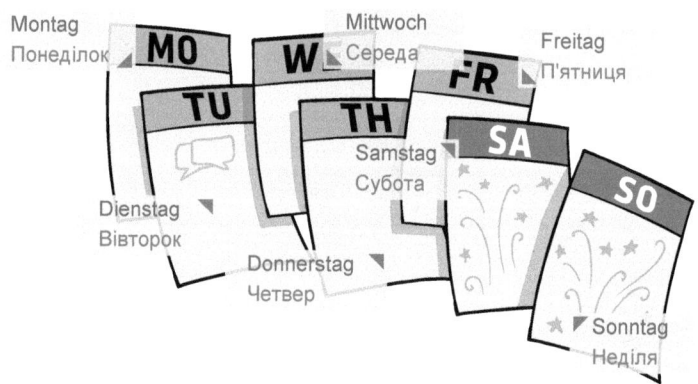

Montag / Понеділок
Dienstag / Вівторок
Mittwoch / Середа
Donnerstag / Четвер
Freitag / П'ятниця
Samstag / Субота
Sonntag / Неділя

gestern
вчора

heute
сьогодні

morgen
завтра

Morgen
ранок

Mittag
опівдні

Abend
вечір

Arbeitstage
робочі дні

Wochenende
кінець робочого тижня

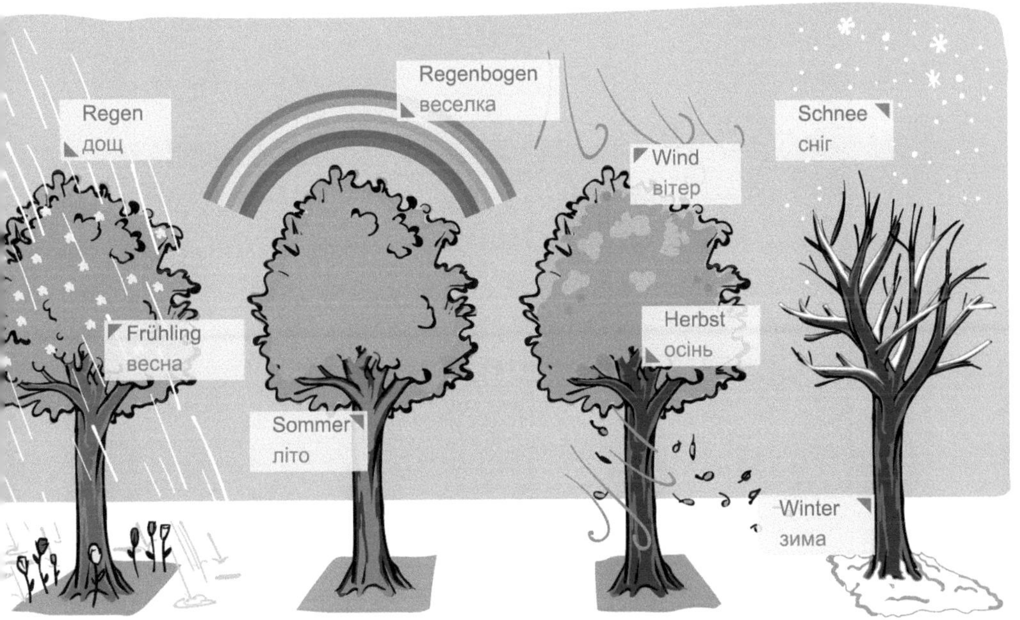

Regen
дощ
Regenbogen
веселка
Wind
вітер
Schnee
сніг
Frühling
весна
Herbst
осінь
Sommer
літо
Winter
зима


4.APRIL 11°
5.APRIL 4°
6.APRIL 13°
7.APRIL 8°
8.APRIL 10°


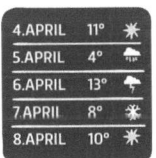

Wettervorhersage

прогноз погоди

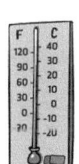

Thermometer

термометр

Sonnenschein

сонячне світло

Wolke

хмара

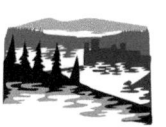

Nebel

туман

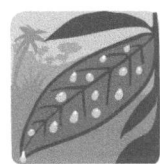

Luftfeuchtigkeit

вологість повітря

Blitz

блискавка

Donner

грім

Sturm

шторм

Hagel

град

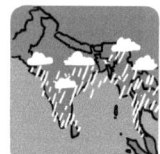

Monsun

мусон

Flut

повінь

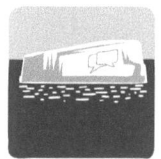

Eis

лід

Jänner

Січень

Februar

Лютий

März

Березень

April

Квітень

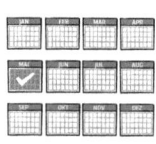

Mai

Травень

Juni

Червень

Juli

Липень

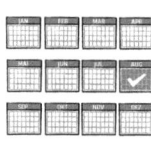

August

Серпень

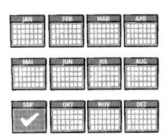

September
..................
Вересень

Oktober
..................
Жовтень

November
..................
Листопад

Dezember
..................
Грудень

## Formen
## форми

Kreis
..................
круг

Quadrat
..................
квадрат

Rechteck
..................
прямокутник

Dreieck
..................
трикутник

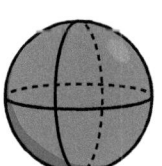

Kugel
..................
куля

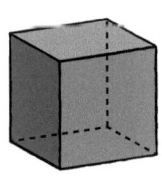

Würfel
..................
куб

weiß

білий

gelb

жовтий

orange

помаранчевий

pink

рожевий

rot

червоний

lila

фіолетовий

blau

синій

grün

зелений

braun

коричневий

grau

сірий

schwarz

чорний

viel / wenig

багато / мало

wütend / friedlich

лютий / мирний

hübsch / hässlich

гарний / бридкий

Anfang / Ende

початок / кінець

groß / klein

великий / малий

hell / dunkel

світлий / темний

Bruder / Schwester

брат / сестра

sauber / schmutzig

чистий / брудний

vollständig / unvollständig

завершений /
незавершений

Tag / Nacht

день / ніч

tot / lebendig

мертвий / живий

breit / schmal

широкий / вузький

**genießbar / ungenießbar**

їстівний / неїстівний

**böse / freundlich**

злий / дружній

**aufgeregt / gelangweilt**

збуджений / нудьгуючий

**dick / dünn**

товстий / тонкий

**zuerst / zuletzt**

спочатку / востаннє

**Freund / Feind**

друг / ворог

**voll / leer**

повний / порожній

**hart / weich**

жорсткий / м'який

**schwer / leicht**

важкий / легкий

**Hunger / Durst**

голод / спрага

**krank / gesund**

хворий / здоровий

**illegal / legal**

незаконний / законний

**gescheit / dumm**

розумний / дурний

**links / rechts**

вліво / вправо

**nah / fern**

поруч / далеко

neu / gebraucht

новий / використаний

nichts / etwas

нічого / щось

alt / jung

старий / молодий

an / aus

вкл / викл

offen / geschlossen

відкрито / закрито

leise / laut

тихо / гучно

reich / arm

багатий / бідний

richtig / falsch

правильно / неправильно

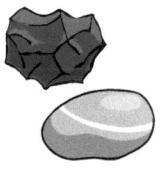

rau / glatt

шорсткий / гладкий

traurig / glücklich

сумний / щасливий

kurz / lang

короткий / довгий

langsam / schnell

повільно / швидко

nass / trocken

вологий / сухий

warm / kühl

гарячий / холодний

Krieg / Frieden

війна / мир

Gegenteile - протилежності

# Zahlen

## числа

**0**

null

нуль

**1**

eins

один

**2**

zwei

два

**3**

drei

три

**4**

vier

чотири

**5**

fünf

п'ять

**6**

sechs

шість

**7**

sieben

сім

**8**

acht

вісім

**9**

neun

дев'ять

**10**

zehn

десять

**11**

elf

одинадцять

## 12

zwölf

дванадцять

## 13

dreizehn

тринадцять

## 14

vierzehn

чотирнадцять

## 15

fünfzehn

п'ятнадцять

## 16

sechzehn

шістнадцять

## 17

siebzehn

сімнадцять

## 18

achtzehn

вісімнадцять

## 19

neunzehn

дев'ятнадцять

## 20

zwanzig

двадцять

## 100

hundert

сто

## 1.000

tausend

тисяча

## 1.000.000

Million

мільйон

Englisch

англійська

Amerikanisches Englisch

американська англійська

Chinesisch (Mandarin)

китайська
високочиновницька

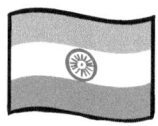

Hindi

хінді

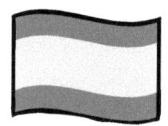

Spanisch

іспанська

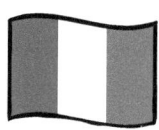

Französisch

французька

Arabisch

арабська

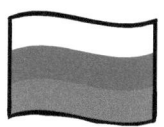

Russisch

російська

Portugiesisch

португальська

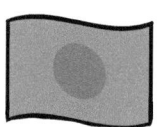

Bengalisch

бенгальська

Deutsch

німецька

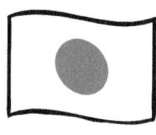

Japanisch

японська

ich

я

du

ти

er / sie / es

він / вона / воно

wir

ми

ihr

ви

sie

вони

Wer?

хто?

Was?

що?

Wie?

як?

Wo?

де?

Wann?

коли?

Name

ім'я

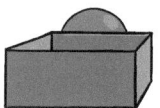

hinter

ззаду

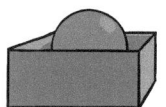

in

в

vor

перед

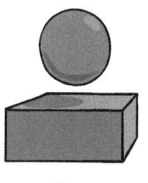

über

над

auf

на

unter

під

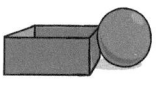

neben

біля

zwischen

між

Ort

місце